中华中医昆仑

蔡小荪学术评传

张镜源◎主编

中国盲文出版社

图书在版编目（CIP）数据

蔡小苏学术评传（大字版）/ 张镜源主编. —北京：中国盲文出版社，2015.12

（中华中医昆仑）

ISBN 978-7-5002-6870-3

Ⅰ. ①蔡…　Ⅱ. ①张…　Ⅲ. ①蔡小苏—评传

Ⅳ. ①K826.2

中国版本图书馆 CIP 数据核字（2015）第 308723 号

蔡小苏学术评传

主　　编：张镜源
责任编辑：黄巧莉
出版发行：中国盲文出版社
社　　址：北京市西城区太平街甲 6 号
邮政编码：100050
印　　刷：北京华联印刷有限公司
经　　销：新华书店
开　　本：700×1000　1/16
字　　数：42 千字
印　　张：6.5
版　　次：2015 年 12 月第 1 版　2015 年 12 月第 1 次印刷
书　　号：ISBN 978-7-5002-6870-3/K·474
定　　价：12.00 元
销售服务热线：（010）83190297　83190289　83190292

丛书编委会

前言

中医药是中华民族的伟大创造，是世界医学宝库中的夺目瑰宝，数千年来为中华民族的繁衍昌盛作出了巨大的不可磨灭的贡献，至今仍是中国医药卫生事业不可分割的重要组成部分，在维护民族体魄康健、促进经济社会发展中发挥着不可替代的作用。

中医药学，是中华传统文化和科技文明的结晶，是勤劳聪慧的中华儿女在几千年生产生活实践中，在与疾病作斗争的过程中，创造的独具特色的医学科学体系。它有着浓郁的民族特色、深厚的文化底蕴和丰富的哲学内涵。经过一代又一代中医药传人、一辈又一辈名医大家的实践探索、薪火传承、总结完善、创新发展，逐步形成了系统的理论体系、独特的诊疗方法、丰富的医学内容、实用的制药技术。具有疗效确切、用药安全、应诊灵活、普适简廉和预防保健作用显著的巨大优势，在世界医学之林独树一帜，为人类的文明进步与医疗保健事业，已经并正在作出积极的贡献。

为了弘扬中华民族传统文化，彰显中医药学家的丰功伟绩，当代中医药发展研究中心与中国文学艺术界联合会、国家中医药管理局新闻办公室、中华中医药学会、中国中医科学院、北京中医药大学、世界中医药学会联合会等精诚合作，在国家中医药管理局的支持和指导下，为中华近现代百年来贡献卓著、深受敬仰的150位中医药学家，编撰出版了这部大型传记丛书。丛书采用评传体裁，记载他们的生平事迹、医术专长、学术思想、传承教育、医风医德、养生之道和突出贡献，使这些宝贵的医学成就和精神财富发扬光大，千古流芳。

丛书取名《中华中医昆仑》。昆仑山，被尊为“万山之祖”，柱西北而瞰东南，立中国而凭世界，凌驾乾坤，巍然屹立。以其高峻豪迈、绵延起伏的磅礴气势，寓意中华中医药学历史悠久、博大精深和永不衰竭；以其挺拔雄伟、高耸入云的恢弘气魄，彪炳一代中医药学家的丰功伟绩、杰出贡献和不朽勋业。

丛书入选传主，从全国范围推荐遴选，遍及中医药界各个领域。有临床家、理论家、药学家、教育家、医史文献学家；有名师亲授、世医家教、学派传人、院校毕业和自学成才者；有师徒并驾、父子齐名和伉俪联袂者。他们学术造诣深厚、诊疗技术精湛、临床经验丰富、学科地位崇高、科研成果丰硕、医风医德高尚、国内外影响较大，从医学理论到临床实践，为中医药事业的传承和发展作出了突出贡献，是近现代百年来中华中医药界的杰出代表。

丛书的出版，对于弘扬中华文化，振兴中医药事业，造就中医药人才，普及中医药知识，具有重要的现实意义和深远的历史意义。这是一项开创性工作，填补了我国为著名中医药学家大规模撰写传记的空白；也是一项抢救性工作，因入选传主已仙逝过半，许多亲历、亲见、亲闻的史料日见散逸，将之收集整理、编撰成书，功垂后世、利国利民；更是一项承前启后的工作，总结传主经验，传承中医药伟业，继往开来，光耀世界医学之林。这部医文结合，富蕴历史性、学术性、文学性和实用性的鸿篇巨制，对医疗、卫生、科研、教育及全球关注中华中医药文化的各界人士，都有重要的参考和阅读价值。

丛书的编撰出版，是一项巨大的中医药文

化建设工程，在策划、撰写、编辑、出版过程中，自始至终得到了国家有关领导、政府部门及社会各界人士的关心和支持。国家中医药管理局高度重视，并组织专家对全书进行终审；数百名专家、学者亲临指导，参与规划；有关省、市、自治区卫生厅、局、中医局（处）给予大力帮助；传主及其亲属、弟子热情支持、密切配合；撰稿人深情满怀、辛勤笔耕；编审专家尽心竭力、精工细琢；关爱中医药事业的企业家热心公益、慷慨资助；全体工作人员不辞辛劳、无私奉献，这一切使丛书得以顺利出版。对此，我们深表谢意。

由于时间紧迫和资料搜集困难，加之水平有限，难免有疏误之处，敬请广大读者批评指正。

中华中医药学，历史悠久，源远流长，发端于远古，奔向于未来。百年对于历史，不过是短暂的瞬间；百人对于万众，不过是沧海一粟。然本丛书所记载的百年百人，则无疑是波澜壮阔的中医药发展史上辉煌的篇章和光芒闪烁的璀璨星辰。

张镜源

目录

妇科世家　亦儒亦医　/ 07

秉承家学　博才多艺　/ 15

送子观音　造福人民　/ 21

观察入微　审证求因　/ 39

衷中参西　周期疗法　/ 56

用药轻灵　顾护中土　/ 71

舍私济公　为善最乐　/ 79

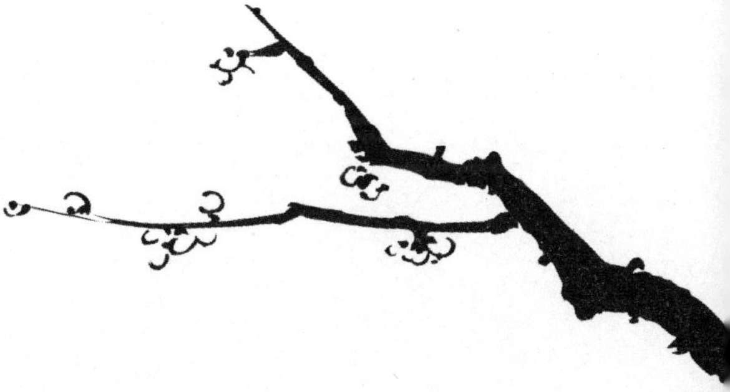

行医六十余年，虽然治愈了不少病，但难免由于各种原因有部分病人未能解除病苦，总觉自己技术不够，对广大病家始终抱有歉意。只能兢兢业业，老老实实，尽力而为。

——蔡小苏

蔡小荪，1923 年出生，字一仁，号兰苑。著名中医学家、妇科临床家。祖籍上海市江湾镇。上海市第一人民医院主任医师、教授、博士研究生导师。

蔡小荪出身于上海著名的儒医世家，是蔡氏妇科第七世嫡系传人。从事中医妇科临床及研究、行医近 70 年。在学术上宗古而不泥古，博采众长，融会贯通，创立了一整套妇科审时论治的学说和中医周期疗法，为中医妇科事业作出了较大的贡献。在临床上主张辨病与辨证结合，分期与分型结合，中医病因病机与西医病理变化结合，药物传统效用与现代实验研究结合。诊治妇科疾病注重肝脾肾，以调理气血为主；以通为用，通补结合。主张审证求因，闭经不尚攻伐，崩漏不专止涩。处方用药精、简、验，务求实效。

蔡小荪1950年后即兼任中华中医药学会上海妇科委员会委员、副主任委员。1984年当选中华全国中医学会妇科委员会副主任委员，1990年由人事部、卫生部和国家中医药管理局确定为全国老中医药专家学术经验继承工作指导老师，1992年起享受国务院政府特殊津贴，1995年被评为“上海市名中医”，2006年获首届中医药传承特别贡献奖；2007年获国家中医药管理局“全国老中医药专家学术经验继承工作优秀指导老师”，2008年获中华中医药学会“全国中医妇科名专家”，2009年获中华中医药学会“全国中医妇科名师”等荣誉称号。发表学术论文20余篇，曾主编《经病手册》《中国中医秘方大全·妇产科》《中华名中医治病囊秘·蔡小荪》《蔡小荪谈妇科病》《中医妇科验方选》，编审《蔡氏妇科经验选集》《中国百年百名中医临床家丛书——蔡小荪》。1994 年主要负责起草完成《中华人民共和国中医药行业标准·中医病证诊断疗效标准》（妇产科部），并任编审委员；编审《上海市中医病证诊疗常规》，任《中医妇科学》编委会顾问。1991 年指导门人共同完成“五行模型的研究”，获国家中医药管理局中医药科学技术进步二等奖。

妇科世家　亦儒亦医

蔡氏女科肇始于清代乾隆年间，前后相传200余年。始祖蔡杏农，有儒医之称，素有济世利民之愿。早年在文学上推崇安徽桐城派，专心于辞赋诗书。中年偏爱医道，刻意攻读，苦心孤诣。他手抄的医书达百余本，并对此反复批注，指迷补正。其岐黄之术，独树一帜，方圆几十里地求诊者络绎不绝。由于早年宝山江湾地处江海之滨，灾害频仍，瘟疫不断，严重威胁百姓健康。蔡杏农深感农村缺医少药之苦，告诫子孙行医时毋忘平民百姓之难。自己处处方便病家，不仅坐堂行医，还经常携着药包，奔波于农村阡陌小道，走村串户送诊治病。

他的处方采用地道经济的药材，制成丸散膏丹为贫困者义诊给药，不取分文，乡里对蔡杏农医德称颂备至。当时蔡杏农已在妇科方面凸显绩效，广得赞誉。

二世蔡半耕，自幼就随父侍诊，潜移默化，每遇疑难病症，则反复推敲，细心琢磨，直至心领神会。对于历代名家医著及民间验方，他广为吸收，无论时病伤寒、经带胎产、疮疡痘疹，均有建树，尤其擅长妇科。大多药到病除，由此声誉益振。

三世蔡炳（枕泉），以医为业，秉性聪慧，博览群书，犹自嫌学识短浅，四处寻师，以求进取。他曾求学于上海青浦县重固镇何氏二十三代世医何书田先生。虽然蔡炳已是名医，但仍然虚心求学于何书田。当时沪上名医世家，蔡炳均登门造访，虚心求教，博采众长。认为“既为三世医，当图良医实名”。从此医道更为精深渊博，技术日进，声誉益隆，在妇科方面的四诊辨治、经验药方更具特色。

四世蔡兆芝（1826—1898），号砚香，是清同治二年癸亥科贡生，封中宪大夫，花翎同知衔。他继承父业，精于妇科，文才医理，造诣精深。著有《种橘山房医论》《妇科述要》《女科秘笺》《验方秘录》等论著，但可惜大多散逸于兵火战乱。他曾经治愈宝山县令之疾，当时署令陈文斌赠“功同良相”匾。后来蔡兆芝迁到上海老闸桥堍，江湾女科之名益以昌盛。蔡兆芝多才多艺，除精通医术外，还善于书画，尤以画荷绘莲为著，匠心独具，并自号“爱莲居士”。他深得文坛赞誉，求墨者甚众，故有“蔡荷花”之雅号。

五世蔡小香（1863—1912），名钟骏，号轶侯，光绪甲申黄科廪生。精擅妇科，名闻大江南北。喜好文学书画，珍藏名人书画颇丰，由于收藏历代名砚逾百，故将书斋名为“集砚斋”。经常与文坛名士往来，并创办书画社。与当时名士李叔同（弘一法师）等五人义结金兰，人称“天涯五友”。蔡小香在20世纪初与丁福保等创办了第一个全国性中医学术团体——中国医学会，并任会长。此“中国医学会”是中国历史上最早以中西医师携手并进的全国医界群体组织。同时蔡小香还资助创办最早的医学期刊——《医学报》。在清宣统二年（1910年）正月上旬“中国医学会”在沪召开第二次大会时，蔡小香在《医学报》第一期发刊辞中号召中医界：“今吾国当新旧交替之际，诚宜淬砺精神，冒险进取，纳西方之鸿宝，保东国之粹言，讵能故步自封，漠然置之耶？”并宣布办报宗旨：“医抱负振聋发聩之责，导以智烛，警以晨钟……”主张继承中医学遗产，对于东西方医学理应“沟而通之，合而铸之”，在我国较早地提出中西医学相结合的观点，积极主张吸收外来先进医学，中西结合，融会贯通。蔡小香看到当时的医学卫生方面均被外国人左右，无权自主，毅然斥资创办中国医院，并任院长，这是在上海创办的第一家中医院。蔡小香素有兴学图强之愿，他一边斥资兴办“蔡氏学堂”、“兢业师范学堂”，一边对于精武、南洋、新公学等学堂的创立慷慨捐助。光绪三十年春（1904年），蔡小香又在上海设立专科训练班，培养师资。光绪三十五年（1909年），上述学堂并入中医学会附设医学堂。蔡小香举办医学讲习所，造就中医人才，并提高理论实践水平，这实际上就是中医专门学校的雏形。1910年蔡小香又主持创办了《上海医学杂志》，为振兴发展中医而高声呐喊。他慧见卓识，计划远大，为兴学救国倾注了无数心血及财力，作出了不少贡献，深得大众敬仰。他的办学实践对清末民初中西医界影响颇大。《宝山县志》及《江湾里志》等各种书刊均有载述。

六世蔡香荪（1888—1943），名章，字耀璋，曾肄业于同济大学医科第一期。他秉承祖业，一生行善，学贯中西，蜚声沪上。上海市政府参事、名医何时希在《回忆妇科名医蔡香荪先生》一文中写道，余于1934年执贽程师门雪门下，始识先生，其躯硕然，其貌蔼然……入其诊室，环睹四壁有林森、戴传贤、于右任、谭延闿、汪兆铭、居正、陈果夫诸书轴，而匾书“医国手”三字者则赫然“蒋中正”也。尝问于程师，师为我详叙先生与宋氏之渊源：有基督教士宋君夫人，求先生诊之久，极相稔，宋故寒士，后乃借诸女而贵显。某岁，蒋夫人宋美龄病，迎先生去庐山治之瘥，适蒋介石病外感，亦求诊于先生，一剂而愈，遂手书“医国手”匾为赠。由此可见，蔡香荪医术之精湛。蔡香荪不仅是一位妇孺皆知的名医，更是一位爱国志士。蔡香荪早年参加孙中山先生同盟会，追随孙中山先生从事抗清活动，常与革命志士秘密聚会于蔡家花园，并在该处制造土炸弹。曾参与密谋广州起义，因临期患严重足疾未能成行，得免于黄花岗之难。“一·二八”、“八一三”淞沪抗战时期江湾疫病流行，蔡香荪为及时控制疫病流行，毅然捐资创办江湾时疫医院，任董事长，免费为百姓治病，活人无数。获当时政府内政部颁发“热心捐资兴办卫生事业”一等金质奖章。当时他还组织江湾爱国青年，成立红十字救护队，自费为救护队购置一辆旧卡车，以便及时抢救伤员。蔡香荪还准备了各种救护器材、药品，甚至包括队员御寒的短大衣，特别是“八一三”之役共救护伤员 4000 多人，为当时上海红十字会所属各队之冠，曾获红十字救护奖章。当时红十字会年刊有记载。上海沦陷后，红十字救护队随军撤至浙江省德清县，继续抗日，但一切医药用品仍然都由蔡香荪接济，始终不辍。日伪时期，蔡香荪不顾诊务繁忙，凭借自己的声望，营救了不少革命志士。十九路军总指挥蒋光鼐、军长蔡廷锴特制金丝锦匾相赠，该匾深蓝色，真丝手工制成，以金线精绣“急公好义”四字，上款“蔡君香荪惠存”，下款为二位将军题识，匾长157cm，宽72cm。当两位将军赠送匾额时，蔡香荪答道：“国家兴亡，匹夫有责，我不过做了一点应该做的事罢了。”该匾历经浩劫，由蔡小荪珍藏60余年后，将其捐赠给淞沪抗战纪念馆，以资永久保存展出，为爱国主义教育增添了实物资料。

蔡氏妇科，代代彰显儒医风范，蔡小荪就是蔡氏世家的第七代传人。

秉承家学　博才多艺

蔡小苏，秉性敦厚，仁心仁术，父传师授，家学渊源。其父望子成龙，在他 5 岁时即聘请老师到家里来教学。9 岁时请了清代的老秀才，昆山的顾荫轩（大儒顾庭林的后代）来家教授国文。蔡小苏说："当时我们家对老师非常敬重，按照清末的风俗，办了酒席，举行正式的仪式。教书期间，家里每天晚上必备酒招待，由此可见长辈对教育的重视。"当时的课程有：《古文观止》《论语》《孟子》，唐宋八大家的古文等。先后聘任李又辛（清举人）、沈瘦石（文史馆员）教习诗书。还有专门老师教英语。蔡小苏和妹妹两人一起读书。除了过年休息 4 天外，平时没有周末。上午 9～11 点，下午 14～16 点，读书背书，还要写作文、写心得。家里的书房就是他的教室。蔡小荪 11 岁时就开始学习中医。老师吴善庆、吴克潜都是当时较有名望的中医学者。吴善庆为《药学大辞典》编者之一，吴克潜则是《吴氏儿科》《病源辞典》等的编者，在中医理论方面有较深的造诣。当时主要读《黄帝内经》《金匮要略》《伤寒论》《本草纲目》，一般是选章节背诵。必读的书还有《内经知要》《伤寒条辨》《金匮要略心典》《本草便读》《汤头歌诀》等。学习中医的时候就蔡小荪一人，老师为了提高他的兴趣，常在讲课时穿插一些故事，并循循善诱。妇科临床则由父亲亲自教授。蔡小荪 14 岁进了新中国医学院进行系统的中医理论学习。1937 年 8 月转入中国医学院学习（因蔡小荪父亲蔡香荪时任中国医学院副院长）。1939 年毕业于中国医学院第 13 届。17 岁毕业后，父亲再一次聘请吴克潜到家里来教各科专业知识。同时随父襄诊，上午跟父亲抄方，下午自己独立门诊。临床遇到问题随时可以请教父亲和老师。在他刚刚行医的时候，也颇受患者的欢迎。因为父亲比较严肃，而他比较和气，对患者的问题有问必答。1943年，不到20岁的蔡小荪因父亲不幸去世便责无旁贷地接下蔡氏妇科的诊业。由于从小受到良好的教育，基础扎实，蔡氏妇科依然门庭若市，盛况不衰。每天的门诊人数近百号，当时的名医丁济万、谢观、程门雪均称蔡小荪为将门虎子、小辈英雄。

蔡小荪不仅有着良好的医术，而且还有着广泛的爱好和情趣。他喜欢京剧、武术、马术、游泳、摄影、打猎、开车等，尤其喜爱中国的传统文化，如武术、京剧等。直到现在，蔡小荪还非常喜欢听民族音乐，特别是古琴与古筝音乐。每当春节，蔡小荪总是郑重地穿上中装。他说：中国的传统节日就得以传统的形式来过。

蔡小荪说："我喜欢武术、京剧也是有原因的。因为父亲与霍元甲是朋友，每天晚上带我和妹妹到霍元甲办的精武体育会学武术，唱京剧。"蔡小荪第一次登台唱京戏还是11岁的时候，唱《薛平贵回窑》，在门帘里唱了一句倒板"一马离了西凉界"，居然得到满堂彩。从此，亲朋好友结婚、做寿他都去演戏。长大以后还拜了京剧名家许良臣为老师，专门唱谭派。梅兰芳也是蔡香荪的好朋友，一次梅兰芳和太太到蔡家做客，蔡小荪唱了一段京剧，梅兰芳夫妇都拍手叫好，之后被传为佳话。20世纪50年代中期蔡小荪偶尔也登台表演。有一次在友谊电影院演《黄鹤楼》客串赵云，与梅兰芳的大弟子魏莲芳同台演出，博得了同道们的一致好评。

蔡小荪还是中国摄影家协会会员，擅长摄影，对知名品牌相机，如莱卡、尼康等如数家珍，对镜头的选择也颇为讲究。他的摄影作品曾参加展出并获奖。有一次他在无锡鼋头渚拍渔民撒网的照片，从中午等到傍晚，终于捕捉到了“太湖深秋”经典的一个瞬间。蔡小荪的一幅摄影作品《经霜》曾刊登在《医古文知识》杂志上。画面以一棵曲折的柏树为主景，柏树在阳光下，前面侧身站着一位知识分子。蔡小荪摄《经霜》作品时有简析：“见一古柏，傲然独立，虬枝曲折，坚挺有致，叶茂常青，经霜不凋。爰请林老与之合影，取阴暗背景，突出阳光强烈反差，寓老知识分子，经过浩劫磨难、坚忍不拔；拨云见日，迎来光明；朝气蓬勃，犹有余勇；在有生之年，为祖国繁荣富强，添砖加瓦。”蔡小荪经常借外出开会顺便进行摄影创作，从中切身体会到摄影活动是一项极好的体育运动，无论是对身体素质的锻炼，还是对精神世界的陶冶，都是相当好的选择。他自豪地说：“摄影是一门艺术，我虽然不是最好的摄影家，但也不是最差的摄影爱好者。”

骑马也是蔡小荪诊疗之余的娱乐之一。年

轻贪玩这在蔡小荪身上也是常有的事。如果计划下班后要外出玩的话，他就把出诊时间放在中午。为了节约时间，上班前早早地把马裤和长筒靴子穿好，看病时长衫套在外面，坐着的时候靴子不被看见，等到门诊一结束，马上驱车就往虹桥路马棚开去。开始是借马骑，以后加入了上海马会，成为马会的会员，因此每天早上 6 点到跑马厅骑上 1 个小时，作为锻炼身体，然后回来看病。蔡小荪至今还是个马迷。大凡看到电视里播出的赛马镜头，或是看到人家骑马，他老人家也总是跃跃欲试。88 岁的蔡小荪仍身体健康硬朗，与他年轻时的锻炼有着密切的关系。

丰富的文化内涵和广泛的兴趣爱好为蔡小荪成为儒医大家奠定了良好的基础。

送子观音　造福人民

蔡小荪行医 60 余载，以其精湛的医术，为千万个家庭解除了不孕不育之痛，送去了幸福和欢乐，是闻名的“送子观音”。1991 年 10 月台湾华视电台通过中国新闻社来上海蔡小荪家里及医院采访并录像，以“送子观音”为名，在台湾华视台“海棠风情”节目中播出。以后又在美国洛杉矶及芝加哥等地电视台“大陆神奇”节目中回放，因此蔡小荪的医术声名远播。1993 年 3 月，马来西亚十大富豪之一的杨宗礼先生和夫人，因亲友患不孕症经蔡小荪诊治而受孕，特率子媳专程来上海拜访并求治。

在蔡小荪家中的照相册里夹着许多孩子的

照片。这些照片的背面都有赠送者的题字：“赠给蔡伯伯”、“蔡公公留念”。这些照片来自四面八方，每一张照片都和蔡小荪的医德医道有着密不可分的关系。

著名美籍华人物理学家杨振宁博士在一次回国讲学时，亲自为他的侄子——杨振汉的儿子杨光磊拍了一张彩色照片，在照片的背后题了字：“敬呈蔡医师，杨光磊九个月”，并送到蔡小荪的府上。原来，杨振宁 39 岁的弟媳谭某因患有功能性子宫出血和习惯性流产，曾 3 次怀孕均功亏一篑，继而 5 年不孕，因而对生育已失去了信心。后经友人介绍，其弟媳求治于蔡小荪而很快治愈。

蔡小荪说：那是 1975 年 6 月的事。谭某曾孕 3 次均堕，继而 5 年多未育，末次流产刮宫后，每次月经量多如崩，妇科检查未发现器质性病变，屡用中西药无效，服妇康崩势略缓，唯经临 36 小时后，仍量过多如注，且下血块，约4天许净，来诊时月经方止，乳胀胸闷，带下黏亮，脉细微弦，苔薄。蔡小苏意识到：该患者素体尚称健壮，因劳累过度而致流产，连续3次形成滑胎（习惯性流产），冲任二脉不免受损，固摄无权，所以末次流产刮宫后每次月经量过多如注，由于屡次流产，情绪不无影响，所以蔡小苏辨证诊断为肝郁气滞，脾肾不足。确定了疏肝理气，并健脾肾的治疗原则。兹适经行方净，首先用逍遥散参二至丸、乌鸡白凤丸，以顾肝脾肾三经，并寓调经止带，防崩之意。药用：炒当归9g，炒白术9g，白芍9g，熟女贞子9g，墨莲9g，柴胡4.5g，川楝子9g，郁金9g，泽泻9g，青皮、陈皮各4.5g，乌鸡白凤丸1粒（吞）。另嘱服二至丸60g，分5日服。结果治疗后的第一次月经准期而至，48小时后经量又过多，但较前次减少，腰酸好转，便溏亦瘥，腹仍胀，矢气较舒，脉细，苔薄质红。蔡小苏认为效不更方，再宗原议。第二次月经经行准期，质较稠浓，近日劳累，腹胀且痛，脉细微弦，苔薄。时值炎夏，加以操劳逾常，不免饮水解暑，瘀滞堪虞，且经来每狂行，势颇纠缠，蔡小荪给予去瘀生新，兼固冲任。药用：炒当归 9g，丹参 9g，川芎 4.5g，炒白术 9g，白芍 9g，益母草 9g，茯苓 12g，制香附 9g，川续断 9g，桑寄生 9g，震灵丹 9g（包煎），两帖。药后诸症俱瘥，情况显著好转。如此调理 7 个月余，经期准，量适中，基础体温双相且典型。到 1976 年 2 月 9 日第七诊的时候，正是经期前夕（最近经期 12 月 13 日，1 月 11 日），患者自述日前略有下红不多，色似淡咖啡，翌日即止，腰微酸，脉微弦，苔薄腻。这时蔡小荪凭着自己的经验和细心周详观察，认为该患者经治疗后症势已好转，体质日趋康复，尤其是基础体温明显出现典型双相，是否是妊娠早期漏红？可能是中医所说的“一月堕胎”的先兆。由于时日尚早，按当时条件，无法作 HCG 测定帮助诊断。因此，及时做出明确诊断，以防“一月堕胎”，立即给予止漏安胎，用益气补肾、止漏安胎法。药用：炒归身 9g，白芍 9g，茯苓 9g，炒白术 9g，姜半夏 4.5g，川续断 9g，狗脊 9g，桑寄生 9g，熟女贞子 9g，陈皮 4.5g，3 帖。漏止胎安，避免了再一次早早孕流产。2 月 25 日第八诊，经停 1 个半月，胃纳尚可，时时泛恶，恶闻油气，乳胀略大，腰酸乏力，洒淅形寒，脉微弦滑，苔薄腻，恶阻之象（妊娠试验 2 次均阳性）。蔡小荪继续给予和中安固法，继续调治保胎，嘱孕妇适量每天吃糯米粥，禁止性生活，卧床休息，以利胎儿正常发育成长。最后顺利分娩，喜得贵子。

蔡小荪在分析此病案时说：患者通过治疗，诸恙俱除，症势显见好转，经行准期，量亦适中。这次经期将届，但在两天前下红少些，色似淡咖啡，翌日即止，略觉腰酸，脉象微弦，根据患者月经经期已准，功血早除，冲任已调，应该是有排卵之型，这次情况与以往经来有所不同，很像“一月堕胎”之兆。虽然时日尚少，犹难贸然肯定，但前车之鉴，不得不防，碍胎方剂，当须规避，暂予调理，以待详察。果然两天后即感头晕，疲软，形寒腰酸，继而渐有泛恶，恶闻油气，恶阻现象渐趋明显，妊娠反应2次均阳性，于1976年10月育一男，剖腹产。这一习惯性流产病例，在临床上较难治疗，早期妊娠诊断，至为重要，稍有疏忽，定致贻误。蔡小荪临证审慎明辨，防微杜渐，足以见其丰富的临床经验。

在浙江普陀，人们把蔡小荪称为“送子观音”，他给普陀妇女带来了福音。那是1974年11月，浙江普陀县人民医院的一位护士，婚后4年余未孕，经几个医院妇科临床检查，诊断为生殖道结核和肾结核。医生劝她不要再治，没有生育的希望。但她求子之心不泯。后来经人介绍，到上海找到了蔡小苏，在他的诊治下，这位护士坚持熬汤吃药，一年不辍，终于治愈顽疾，怀孕生得一女。

结核性输卵管阻塞是导致不孕症的原因之一。由于病人不能及时明确诊断，失去早期彻底治疗的时机，一旦造成双侧输卵管阻塞则影响其生育能力，预后往往不乐观，甚至是无望的。蔡小苏治疗结核性输卵管阻塞引起不孕症有其独到的经验。认为本病的病理实质是本虚标实。标实，即是显而易见的因瘵虫引起瘀热痰互结的阻塞不通；本虚，则是患者早年消耗性疾病的肾气不足，精血虚少的病变。本例患者1971年患流行性乙型脑炎而抽过“脊髓”，兹后每触及腰脊即休克，记忆力差，原有慢性盆腔炎，1973年患急性肾炎，在工作单位住院治疗，两个月后转为慢性，且有肾盂肾炎、肾结核、输卵管结核并阻塞等症，虽经刮宫通液，治疗两个月许未效，反致经期紊乱，月三四至。

曾作碘油造影，认为已失去生育能力。每次经行腹痛里急，临前乳胀，烦躁，平时少腹两侧胀痛，形寒，大便间二三日一次，脉细弦，苔薄白边微红。蔡小荪认为：经前乳部胀痛，输卵管不通往往有此现象，当然经前乳胀，并非均系输卵管不通，但要配合妇科检查，方可确切定论。患者在外地医院任护士，原有慢性盆腔炎，并患输卵管结核，阻塞不通，屡经刮宫通液等治疗，这一切都使患者抑郁不快，情绪更受影响，因此诊断此证属肾督不足，肝郁气滞，经隧受阻，络道不通。治拟疏通为洽。给药：炒当归 9g，赤芍 9g，川芎 4.5g，柴胡 6g，川楝子 9g，制香附 9g，乌药 9g，炙穿山甲 9g，皂角刺 9g，川桂枝 3g，全瓜蒌 12g（打），7 帖。患者服药后经行腹痛消失，里急感见减，胃纳亦增，腰酸未除（尿常规蛋白＋＋），脉细苔薄白，边微红，拟调经参益肾。经净后再服理气通络方，炒当归 9g，赤芍 9g，柴胡 6g，川桂枝4.5g，路路通9g，王不留行子9g，制香附9g，乌药9g，炙穿山甲片9g，皂角刺9g，生大黄4.5g，10帖。继而再给予理气消炎方：炒当归9g，炒白术4.5g，柴胡6g，败酱草20g，赤芍9g，牡丹皮9g，川楝子9g，延胡索9g，郁金9g，淮小麦30g，路路通9g，生甘草2.4g，10帖。另逍遥丸90g，分10日服。经过9个月调治，于1976年6月14日育一女。

蔡小荪治疗结核性输卵管阻塞引起不孕症常以辨病为主，抓住共性，注意扶正祛邪，标本兼顾。扶正，即填补肾精之虚。祛邪，即针对瘵虫引起的瘀、痰、热之结，达到抑制、消除、改善局部病变的目的。蔡小荪常用两组药物，一组为鱼腥草、山海螺、百部、功劳叶等，这些药均有很好的抗痨杀虫作用，山海螺有通络之长。鱼腥草多用于肺热咳嗽，将鱼腥草用来治疗结核性输卵管阻塞引起不孕症，是受日本人在战争时期用鱼腥草外敷排除体内残弹之启发，经长期临床运用确实具有较好的抗痨祛邪通络、改善局部病变的功效。鱼腥草与百部相配，疗效更佳。二是根据具体病情选用理气活血、清热利湿、化痰排浊诸法，以通其阻塞。常用丹参、地龙、皂角刺、公丁香、路路通、王不留行子、瞿麦、穿山甲等药物。蔡小荪常言：不孕症患者因婚久不孕，家庭、社会及自身心理压力都较重，故而肝郁气滞是她们的共同特点，只是程度轻重之异，因此疏肝理气之法当兼施于各类患者中。处方用药，又应注意方剂的轻简灵动，慎用大方重剂，以免壅滞气血，造成因药碍病之误。对于兼症颇多，症情复杂的患者，还当辨病辨证相参，明审轻重缓急，不可拘泥于一法一方，所谓知常达变也。

这样一个不治之症竟然在蔡小荪处治疗不到一年便治愈了。这一消息传开后，普陀县人民医院的一位副院长也来求治。她是位内科医生，原有 3 个孩子，但在一次意外的塌方事故中，两个被压死，一个压成瘫痪。巨大的打击，使这位40岁刚过的妇女受到莫大的刺激，突然闭经了，必须注射黄体酮月经方行。她看到同事不孕症治愈的事实，就满怀希望去找蔡小荪。蔡小荪经过悉心调理，先是疏肝解郁，继而育肾培元，奇迹也出现了。她只吃了几个月的药，闭经病被治愈，并于一年后生下一个儿子。该患者1976年3月8日初诊，初诊时经阻10个月未行，头晕健忘，目花且干，心悸烦躁，胸闷痛，肤楚，带下有周期，脉细软，苔薄略腻，边红微紫。蔡小荪抓住患者突然遇到的不幸打击，判断其为肝气郁结，心气不得下通，胞脉受阻，月经因此闭止，诸症杂出。认为致病原因明显，所以先给予解郁宁神，调理冲任，以求郁舒气畅，神情安定，月经通调，再顾孕育。因此处以：炒当归9g，川芎4.5g，白芍9g，郁金9g，朱远志4.5g，合欢皮9g，淮小麦30g，枸杞子12g，川续断12g，狗脊12g，枕中丹 9g（包煎），4 帖。患者服药后情绪较畅，原喜冷饮冷浴亦瘥，且略感喜暖。可见心肝郁火较平，营卫调和渐现，复诊宗原方增丹参、生地黄以去瘀生新，养阴益血，旋即月经应时而至，量虽不多，但较以往好转，诸症均见瘥减。蔡小荪见病势初有起色，仍宗前法出入。由于患者担任领导工作，急需返回，故另处枕中丹常服，以健脑安神，补益心肾，并调经方备用。此后蔡小荪以书信来往方式给予加减处方，调治半年，在 9 月 10 日七诊时，自述经停五旬许，妊娠反应 2 次均阳性，于 1977 年 4 月得一男。

1978 年“五一”节，蔡小荪应邀到普陀县讲学，5 天来，那些信奉“观音”的普陀人闻讯后，从四面八方赶来一睹这位“活观音”，并求治不孕症。有一天，蔡小荪答应看 20 位病人。结果，从早到晚看了 100 多位病人。那天，他回到旅店，还没踏进房门，又被旅店一位会计拦住，请去看了几位病人。回到自己房里，一推开门，屋子里已坐满了人。原来，这是从普陀县方圆数十里闻讯赶来的病人，连蚂蚁岛的病人也撑着小船来了。蔡小荪临走的一天傍晚，一位海军军官陪同他的妻子急匆匆地从定海赶来，要请他看病。普陀县把这种盛况称为“蔡医生热”。蔡小荪的高明医术名传遐迩：有个女子14年不育，就诊后喜得一女；还有一位43岁的中年妇女，一侧卵巢切除，一侧卵巢仅剩2/3，经过治疗后竟也生了儿子。仅据1982～1986年5年时间统计，蔡小荪用中医药治愈有记录的不孕症患者170余例，不知者尚不在内。她们的年龄在26～43岁，不孕的年限在2～14年间。

蔡小荪对子宫内膜异位症伴不孕的患者，认为其病机为宿瘀内结，积而成癥。临床上多采用通法，活血化瘀消癥。虽兼不孕，但亦为肾气不足，络脉不通。大多根据月经周期采用中药调周法。如曾治愈一例子宫内膜异位症伴不孕的患者，其显著的疗效令美国专家瞠目结舌。这位患者姓蒋，女，36 岁，是上海市某医院西医儿科医师。1992 年结婚，1993 年赴美国定居。由于痛经剧烈且不孕而遍请美国著名医家诊治，并做人工授精及试管婴儿，屡治未效，最后认为必需手术切除子宫。但病者尚未生育，手术有所顾虑。1997 年 7 月，上海市某医院领导及同事赴美公干相遇，得知情况后都建议她请蔡小荪诊治。患者在美国，蔡小荪在上海，通过电话及传真了解病情，进行诊治。服用中药后痛经症状即明显减轻，继而消失。1997 年冬蔡小荪赴美国洛杉矶探亲，蒋女士从旧金山赶来就诊，次年 3 月怀孕，令美国医学专家百思不得其解。当得知传统中医药有如此大的效力时，他们赞不绝口，愈感中国医学之神秘和高明。

该患者 17 岁月经初潮，周期 25～27 天，经期5天。原发性痛经，每次发作腹痛剧烈，呈阵发性绞痛，持续半天，伴恶心呕吐，经前畏冷，腰酸伴胃部不适，行经第一天只能卧床休息，经期腹部冷感，喜热敷，痛作后感到十分虚弱，极度疲惫，需休息三四天，影响生活与工作。曾服复方阿司匹林、安乃近、颠茄片及中药乌鸡白凤丸、艾附暖宫丸、益母草等，均疗效不显。后服消炎痛，因止痛有效而坚持服用了三四年，结婚赴美后停服，痛经依旧。因婚后两年未孕而始作检查。子宫输卵管碘油造影示正常，配偶精检无异常。1994年10～12月先后3次人工授精均未成功。1995年12月腹腔镜检示："子宫内膜异位症"严重，建议做腹腔镜手术治疗。1996年4月手术，术后医生告知用激光已清除异位在卵巢和输卵管的大部分粘连疤痕组织。但事隔两三月，诸症复作，同年9月急诊超声波示"左侧卵巢囊肿"约鸽蛋大小，医生解释为因病变严重导致手术失败。

1997年4月作试管婴儿失败，1997年5月行卵巢囊肿引流术。1997年7月底请蔡小荪诊治。

对子宫内膜异位症的治疗，蔡小荪主要依据历代医家治疗“血瘕”、“癥结”的经验，以理气通滞、活血化瘀为大法。蔡小荪强调一定要注意整体辨证，并结合病因治疗，来调整脏腑、气血、阴阳的生理功能。对本例患者，蔡小荪辨其为宿瘀内结，瘀而成癥，伴肾气不足。治疗原则拟活血化瘀消癥，参育肾促孕。采用的是蔡小荪自己创制的内异周期疗法。具体方法是：经净后治以活血化瘀消癥，育肾通络，以“内异Ⅲ号”方为基础，药用：茯苓12g，桂枝3g，赤芍10g，牡丹皮10g，桃仁10g，夏枯草20g，皂角刺30g，炙穿山甲9g，路路通10g，淫羊藿12g，巴戟天10g，炒杜仲12g。本方为桂枝茯苓方加味。桂枝茯苓丸治瘀阻，下癥块；皂角刺、炙穿山甲、路路通、夏枯草等穿透破坚，软坚散结。考虑到不孕，故加育肾之淫羊藿、巴戟天、炒杜仲使肾气旺盛，按时排卵，为孕育打下基础，共服 7 剂。这时正值排卵期，再服“孕Ⅱ方”育肾培元，药用：茯苓 12g，丹参 12g，生地黄、熟地黄各 12g，仙茅 10g，淫羊藿 12g，鹿角霜 10g，肉苁蓉 10g，巴戟天 10g，制黄精 12g，紫石英 12g，女贞子 10g，服 8 剂，加服河车大造丸两瓶。大队温煦肾阳之药，以增黄体酮，终使单相基础体温转为双相，以利受精卵着床孕育。上方服完后，停药两三天，再服“内异Ⅰ方”，经前 3 天开始服用。药用：炒当归 10g，生地黄 10g，川芎 6g，赤芍 10g，败酱草 20g，五灵脂 10g，制香附 10g，怀牛膝 10g，延胡索 12g，制乳香、制没药各 6g，生蒲黄 12g，艾叶 2g。服 10 剂。蔡小苏认为，本案之本为癥瘕，痛经剧烈，“这是‘离经之血’不能排出所致”。应按“血实宜决之”治则，故经前、经期以活血化瘀为主，在四物汤基础上加失笑散、制乳没破散癥积宿血，用香附、牛膝、延胡索理气、活血，达到气行则血行，通则不痛之效。加艾叶温散寒邪，使寒散凝解。

如此三方根据症状进行加减调整。患者1997年7月底初诊时基础体温单相，痛经剧烈，左腰部酸痛。服药两个月后，腹痛明显减轻，血块减少，但有反复。1998年2～3月间经行腹痛基本消失，略有隐痛，基础体温由单相转双相，欠典型。B超示：左侧卵巢囊肿由原来5cm×5cm，缩小至3cm×4cm。4月份基础体温上升较前明显好转，但仍欠佳。5月份月事值期未行，基础体温居上不降，尿HCG（+），诊断为早孕。蔡小荪以他丰富的经验，为患者调治半年余，数十年的痛经随之烟消云散，瘀去络通，受孕妊娠，顽疾告愈。

观察入微　审证求因

要问蔡氏妇科的特色是什么？那就是在临床中审证明辨，观察入微，明察人所未察；就是面对疑难应付裕如。

蔡小荪说："望、闻、问、切四诊，乃中医医家诊察疾病之规矩准绳。"但必须四诊合参，才能"从外测内，见证推病，以常衡变"，认识疾病之属性、病位之深浅、病邪之进退、正邪之盛衰、标本之传变、预后之凶吉。"犹匠之不能舍规矩而成器皿也"。在这四诊中，尤以问诊为最重要和最难，为医者必当十分重视。因为妇人阴性偏执，往往把经带胎产床笫帏帐中事，视为隐私，不愿轻易吐露；勉强就诊，往往顾虑重重，羞怯难启；至诉又不肯尽言病情。故有谚云“宁治十男子，莫治一妇人”。只有细问情由则先知病之来历，详问近况则又知病之浅深，再参合其他三诊所得，才能明辨病源，症药相当，而病之可愈也。因此，蔡小苏临证，每于四诊合参同时，特别注重问诊。其问诊有三大特点，即巧问、广问、细问。

一、巧问

蔡小苏认为，患者芸芸，其“形态苦乐，病同治异，饮食起居，失时过节。忧愁恐惧，荡志离魂，所喜所恶，气味偏殊，所宜所忌，禀性迥异”，所以蔡小苏特别强调，医者必须在就诊之初的瞬间，观察了解并初步掌握患者性格和疾病特点，以从其喜恶，得其信任，通过和蔼态度和语言技巧，解除其顾虑、羞涩、暴躁、自卑诸心理，获悉可靠病史，以利正确施治。如对一些重症绝经前后诸症患者，巧问是治病肯綮所在，不仅能全面了解病情，作出阴阳偏盛偏衰及痰瘀火诸邪的辨证分析，同时问诊的过程，也是一个心理疏导和治疗的过程。

二、广问

蔡小荪认为：妇科疾病错综复杂，特别是一些疑难病，有时着意对问，不得其情，他事闲言，反见真面，若不广泛询问，就可能遗漏疾病关键之处。如曾治一男性不育病人，就诊前已遍投中药治疗不育诸法，均未见效。四诊所获，唯舌质偏红，令人茫然。蔡小荪便广泛问诊，结果患者才道出真情：因婚久不育，夫妻经常吵架，女方限期要求男方必须治愈，否则就要离婚。所以该男子治病心切，除正常治疗药物外，还长期大量服牛鞭、海狗肾、附子等温阳助热之品，反致出现阳痿现象。广泛问诊很快明确了病因，蔡小荪指出：过服壮阳药物，譬如灯油已竭，不加油而燃火则愈燃愈枯，故反其道而行之。因此马上令其停服壮阳药物，并嘱咐他每天适量吃滋阴补肝肾的甲鱼，也不投他药，二月许女方便怀孕。如果不是广泛问及其饮食起居，素性喜恶，夫妻感情情况，焉能知其真情呢？

三、细问

蔡小荪说，有些患者，病已确诊，唯不知病源何在，这时应当围绕其病进行详细问诊。如有一对不孕夫妇，结婚十余年未孕，男女双方屡经各大医院检查，均无异常发现：女方既无生殖系器质性病变，男方亦无遗精、早泄、阳痿。此时正“山重水复疑无路”，蔡小荪便从化验检查以外找原因，经与男方一番谈话，终于“柳暗花明又一村”，发现症结所在：从表面看，男方在异地，1 周回来团聚 1 次，每月才 4 次，似乎并无异常。其实男方回家每周留住两夜，每夜房事达 3 次，实属纵欲过多。隋代医家巢元方说：“凡初交之后，最宜将息，勿复交接，以扰子宫。”明代医家张景岳亦说：“凡其初交，亦不过一滴之元精耳，此其橐钥正无依，根荄尚无地，巩之则固，决之则流，故凡受胎之后，极宜节欲，以防泛滥。”沈金鳌亦认为，“精血初凝，恐再冲击”，男子应该“别寝”。蔡小荪认为该男子正犯了泛滥无度、反复冲击的毛病。首先给男子开了知柏地黄丸，予以养阴清心，并嘱咐他不到女方排卵期宜远离房事，在排卵期则应不失时机；其次嘱咐女方测量基础体温以候准排卵之期，果然一举奏功，不久就怀孕了。因此，对男子不育症的治疗蔡小荪提出要分三个步骤，即“清心寡欲—养阴填精—补肾助阳”。他说情志安宁，交媾合时，性欲当有节制，是成孕致育的重要因素。

观察入微，明察人所未察的基础是丰富的临床经验。蔡小荪凭着自己丰富的临床经验和对患者极其负责任的态度，审证明辨，避免了一次又一次可能发生的事故，使一个又一个生命得以降生。20 世纪 60 年代初的一个除夕下午，蔡小荪所在地段医院的房东唐先生的儿媳妇由于月经过期未行并腹痛，患者自认为是她一贯有的慢性盆腔炎发作，因此不肯去看西医，一直等到下午请蔡小荪看。蔡小荪根据患者有慢性盆腔炎历史，月经过期未行，小腹有压痛，但无发热等症立即怀疑是否有宫外孕的可能。患者说："我输卵管已经结扎。"蔡小荪便嘱咐妇产科医生为她进行妇科检查，看看是否有举痛，以排除宫外孕。由于正是除夕，手套被锁住而不能进行检查，便建议她马上到西医医院进行检查，同时立即主动打电话通知瑞金医院妇产科刘主任准备病房。但患者的婆婆坚决不同意，说自己的媳妇生了两个孩子后输卵管已经结扎，怎么可能怀孕呢？加上又是除夕，儿子又不在，坚持要等过了年再去医院。出于对患者的责任心，蔡小荪再三与其家人说明缘由，说："根据她的临床表现不能排除宫外孕，输卵管已经结扎因某些原因有可能会通的，如果是宫外孕将会导致生命危险，必须抓紧时间。"费了好大的工夫终于说服了她。当患者被送到医院时，果真被诊断为宫外孕，医生说：如果晚来一小时输卵管就会破裂，将会出现生命危险。这让患者家属对蔡小荪感激不尽，是蔡小荪救了她儿媳一条生命。

又有一次，一位 23 岁的姑娘前来就诊，她血崩不止，血红蛋白仅 5g/dl，多方治疗无效，生命危在旦夕，蔡小荪审证明辨，观察入微，抢救了她的生命。当时蔡小荪仔细查看病历后，发现前面的医生均用凉血、止血药。从理论上讲，这也并无不可，但再仔细检查病人，了解到病人的经血色淡而稀薄，人畏寒。由于病人出血日久，失血过多，身体状况已由血虚阴亏转为阳虚，如果再用凉血止血药则是对已经极其虚弱的身体雪上加霜。于是当机立断，用附子、炮姜、阿胶、艾叶配上自己配制的验方来温阳止血。仅服药 3 剂，果然病人的血就止住了。不过几天，姑娘的脸色渐转红润，恢复了生气。

另外，蔡小荪还强调医生在临床中要学会自我保护，书写病历一定要考虑清楚，记录仔细。问诊很重要，但不能轻信少数病人的叙述，还要加上自己的判断，这样才能防止差错。如妊娠后尿 HCG，测试必须要用汉字繁体书写清楚“阴性”、“阳性”，以免辨认不清或被人随意修改；患者所说的话，如果对诊断或鉴别诊断有重要意义，要用“据云……”记下来。由此可见蔡小荪临证严谨的态度。

蔡小荪常言：“医道虽繁，能精心钻研，审证明辨，对症施治，也不难奏功。吾非有异人之目，洞见脏腑之变，亦非有异人之术，可愈不治之病，唯问及他医未问之症，以知之除之。”医者，仁术也。仁人君子必笃于情，笃于情则视人犹己，问其所苦，自然无处不到，则病之根源，尽悉也。然后证药相当，乃能愈病。

蔡小荪在临床上特别注重审证求因，治病

求本。如治疗月经病主张："闭则不专攻伐，崩则不尚止涩。"他认为：女子"血常不足"，极易导致肝体失养而致闭经，同时女子在经带胎产中颇多耗伤肾气，导致闭经。因此对闭经的治疗，不能急切图功，妄事攻伐。当补肾养血，血至而经自下。临床上一般采用"以调为主，养血为先，理气为要"。

蔡小苏治疗崩漏则强调"崩则不尚止涩"。他说：崩证，因其来势较猛，故前人有"先止血以塞其流"之说，这是应急措施，即急则治标。对一般的崩证，诚可取效一时。但对功能性子宫出血患者如果不辨证求因，而采用单纯止血，往往得不到预期效果，主张"求因为主，止血为辅"，指出：塞流并非不辨证因单纯止血，否则愈塞流则崩愈甚。如对于血瘀崩漏，则当活血化瘀，否则瘀血不去，新血不生，血不归经，则出血不止，甚则崩愈甚漏愈久，缠绵不愈。在治疗血瘀崩漏时尤其喜用、善用生蒲黄。因“蒲黄长于活血化瘀，尤善通利血脉，故有止血固崩之功”。临床上由于瘀血引起的崩漏屡见不鲜，因瘀滞未去，则新血不能归经，导致出血不止，或量多如注有块。蔡小荪本着通因通用的原则，常重用蒲黄。其用量可达30～60g，化瘀止血，寓通于涩。如治疗李某，因卵巢囊肿作过剥离术，术后小腹隐痛。月经来潮，淋漓不止。经刮宫后血仅止十余日，又突然流血不止，量多如注，有块且大。刻下小腹疼痛拒按，块下痛略瘥。心悸气短，自汗头晕，精神疲倦，舌边紫暗有齿印，苔薄白，脉沉细弦。蔡小荪辨此证为气虚夹瘀，胞络受阻。用活血化瘀，佐以扶正之品。处方：生蒲黄50g（包煎），花蕊石 20g，炒当归 10g，丹参6g，熟大黄炭 10g，炒党参 15g，炮姜炭 3g，血竭 3g，震灵丹 12g（包煎），3 剂。复诊时块下更多，腹痛胀消失。再拟上法 3 剂后血块消失，经血自止。3 个月后门诊随访，崩漏未见反复。蔡小荪认为对于蒲黄一药，用量宜灵活多变，少则10g，多则可达60g。可据病情轻重缓急，随症斟酌。一般化瘀止痛，经量少而不畅者用10～12g；经量中而带血块者用12～15g；量多如注，块下且大者30～60g。蒲黄除其独特功能之外，实赖医者在临床上善于掌握运用。剂量轻重不同，则功效大殊。有位病人经西医检查发现子宫略大，右侧有5cm×4cm囊肿紧贴宫体，左侧有4cm×3cm肿块，B超提示：子宫7.4cm×4.5cm×6cm，子宫右方见5.6cm×3cm液性暗区，诊断为卵巢囊肿及子宫肌瘤。已住院将行全子宫切除及双侧附件切除术。手术医生因顾及患者年仅34岁，故考虑暂缓手术，请患者试用中医保守疗法。来诊时临床症状主要表现为月经过多。蔡小荪指出：月经过多，常法当以止血为主，而“子宫内膜异位症”之崩漏，则单纯用止血药往往难于应手，原因是宿瘀内结，血不归经所致，故仍当以化瘀治本为主，佐以固摄，随症兼用温、清、攻、补诸法。临床上常喜用生蒲黄、花蕊石、山羊血、三七、血竭、震灵丹等化瘀止血法。服药应注意在经前3～5天。这位患者经过一段时间治疗，不但经量正常，而且经B超复查，右侧附件囊肿明显缩小，液性暗区转为2.3cm×1.4cm，2.5cm×2.4cm。尽管蔡小荪说中药治疗本病在症状消失和改善方面作用较明显，在消除结节方面尚存不足。实际上在蔡小荪的门诊中，还是看到不少病人的肿块或结节有不同程度的减缩。

对于崩漏，蔡小荪注重阴阳之辨。崩漏病因众多，临诊时病机错综复杂，气虚不摄、脾胃虚损、阴虚血热、肝旺血崩、肾虚失固、劳伤冲任、气郁血瘀等皆可引起。原因虽多，无外乎阴阳两类：阳崩者多由实热或虚热所致，血色赤紫质地黏稠，量多如注，伴脉细数、舌质红绛等阳性征象，应给予养阴止崩。阴崩者，多由阳虚所致，除素体阳虚外，大致缘于久崩，故一般病势颇急颇重，应予重视，多见于现代医学之青春期功血或更年期功血者，适值肾气应盛未盛或将衰未衰之际。其特点是经来似崩，暗淡稀薄，伴面色白少华、畏冷肢清，可出现阴亡而阳亦随之虚脱的险证。蔡小荪喜投参附汤，益气温阳摄血，谨守“有形之血不能速生，无形之气所当急固”之训，每能化险为夷。有一患青春期功能性子宫出血症患者，自初潮后便屡崩屡治，反复不愈。这次又经阻 3 月许而崩，递服激素、中药及输血，崩势缓而又剧，迄今 26 天。面黄如蜡，神疲体倦至极，肢冷汗出，眩晕腰酸，语微气促。经水色清质稀，血红蛋白 5g/dl。苔薄质淡，边有齿印，脉细。蔡小荪诊断为营血亏耗，气虚阳衰。血脱当益气固脱，并参助阳调固，用圣愈汤加鹿角胶，并用附子 10g。蔡小荪说：附子乃辛温大热之品，其性善走，为通十二经纯阳之要药，外达皮毛，内行三焦。在这血脱阳衰的关键时刻，大胆而正确使用附子，非常重要。由于附子辛温大热有毒，用于体虚崩漏患者，恐其劫阴动血，故处方用药时不免顾虑，但阳虚阴崩，又属必用之品，非此附子不能挽暴崩虚脱之势。《金匮要略》用黄土汤治阳虚便血，亦取附子温阳之功，是为典范，此即醇正之法。但是获效后应当减量或除去，所谓“毒药治病去其五也”。3 天后复诊，果然翌日崩止血净，精神亦振。因此立即去姜，附及蒲黄、棕榈，增治本之法。三诊后血红蛋白好转，随症调治 3 个月后经水渐调，色量正常。

对痛经的治疗，蔡小荪提出不能盲目止痛，倡导：“求因为主，止痛为辅”，“治病必求于本”。不主张采用单一的止痛方药。如瘀滞腹痛，如果不以活血祛瘀为主，或剂量不足，往往达不到止痛的目的。再则宿瘀内结，凝滞胞宫，经血虽下，疼痛不减，即使经行过多如注，治法仍当宜活血化瘀，从实证论治。若用止血定痛，以碍血行，则宿瘀未消，瘀血留滞，非但疼痛得不到缓解，相反出血也越止越多，淋漓难断，所谓瘀血不去，新血不生，血不归经。有一位患者曾于1987年11月7日作腹腔镜检查，确诊为“盆腔子宫内膜异位症”，同时行剥离术。因剧烈经痛未得到缓解而到中医专科门诊来治疗。初诊主诉：每次月经干净后10天左右少腹剧痛难忍，严重时可致昏厥，常因此而急诊，唯注射“杜冷丁”后方能暂时缓解。蔡小苏认为“子宫内膜异位症”之痛经和一般痛经不同，后者多由各种原因引起经血排出困难所致，若瘀血畅行或块膜排出则腹痛当即减轻或消失。而前者则并不因此而减轻，相反瘀下越多越痛，因其瘀结不在宫腔内，而在子宫肌层或其他组织，欲出而无路。故治当以活血化瘀，兼理气散结止痛，促使瘀血活化内消为主。病家应注意在经前3～7天内服药，方能有效。

过晚则瘀血既成，日渐增加，则其效不能速达，难收预期之功。经过治疗，患者高兴地说："现在已仅感腹部隐痛，真未想到中医能有如此神奇的疗效！"蔡小荪治痛经，善用蒲黄，强调蒲黄生用，用量不必过重，用以化瘀去实，此药专入血分，以清香之气兼行气血，气血顺行则冲任调达，瘀去痛解。蔡小荪临诊讲究君臣，用药精简，喜配药对，常用生蒲黄、五灵脂活血行瘀止痛；生蒲黄、花蕊石化瘀下膜；生蒲黄、血竭散瘀止痛止血；木香、小茴香行气止痛；川楝子、延胡索理气止痛；香附、延胡索理气散瘀；苏木、延胡索祛瘀通络；丹参、郁金祛瘀止痛；赤芍、牡丹皮凉血散瘀止痛；香附、乳香、没药理气化瘀；香附、乌药理气调经；香附、苏木理气祛瘀；乳香、没药行气散血。如治疗 18 岁的施某，临经腹痛 5 年。自初潮起，每经痛较剧，量多更甚，块下较舒，临前每肢清，脉略细，苔薄，边有齿印。蔡小荪辨其证属宿瘀内结，寒凝胞宫，用温经化瘀调经法。药用：茯苓 12g，桂枝 3g，赤芍 10g，牡丹皮 10g，桃仁 10g，炒怀牛膝 12g，青皮、陈皮各 5g，制香附 10g，艾叶 3g，调治 1 周。在经期将届之时，给予温经散寒、化瘀止痛、调理冲任药。选用：炒当归 10g，生地黄 10g，炒怀牛膝 10g，川芎 6g，白芍 10g，制香附 10g，延胡索 12g，桂枝 3g，乌药 10g，制乳香、制没药各 6g，生蒲黄 10g（包），艾叶 3g，7 剂。经前 3 天始服。药后腹痛消失，瘀块较前减小。以后在经前则用：炒当归 10g，生地黄 10g，炒怀牛膝 10g，川芎 10g，白芍 10g，桂枝 3g，制香附 10g，延胡索 12g，制乳香、制没药各 6g，生蒲黄 15g（包），小茴香 2.5g。嘱每经前 3 天始服，连服 7 剂，以巩固疗效。按法坚持服药 4 个月经周期而愈。

衷中参西　周期疗法

蔡小荪在学术上，海纳百川，博采众长。对待各家学说，主张宗古而不泥古。对待西医学，亦主张兼容并蓄、融会贯通。早年蔡氏妇科先辈蔡小香就主张衷中参西，七代传人蔡小荪更加重视。随着现代社会的进步，疾病谱亦在不断发生改变，他认为“作为中医临床医师，应该衷中参西，摒弃世俗的门户之见，既讲望闻问切，也要中西医结合。要学好中医妇科，除了要具有扎实的中医功底外，还要有广博的现代解剖、生理、病理知识；更要借鉴现代医学各种检验，以助诊断。各取所长，互为应用”。“在当今科学日新月异的时代，中医诊病若单停留在原有一套‘望、闻、问、切’的基础上是不够的，应结合现代科学仪器方法、手段，使‘四诊’从宏观到微观，更具体确切、深入地认识疾病”。从现代医学角度来审视中医妇科所常见的一些疾病，并非全部都有证可辨，因而对妇科病人都要求做一定的妇检，包括物理检查、超声检查、性激素检查，以求详细了解病人生理病理，并且通过这些检查的结果来指导临床处方用药。蔡小荪说：“任何一门学科的发展，都必须打破封闭模式，取他长补己短，中医学的发展尤为如此。”蔡小荪治病遣药，常以辨证为基础，充分利用现代诊疗技术，衷中参西，辨证与辨病相结合，四诊八纲与检验互参，从而提高疗效。中医学的辨证方法多种多样，就其实质，即对病人症状体征的综合分析，但这种辨证有一个明显的缺陷，就是在没有临床表现症状的时候，会陷入无证可辨的尴尬境地。在很多时候，症状体征及据此而来的辨证结论，并不能反映疾病的全部本质。此时尚存在一些隐性病理状态，需要通过检查、结合病史及疾病发展演变规律，使辨证更为全面恰当，为提高临床疗效打下基础。

如同是月经不调无排卵引起不孕，原因却非常复杂，由多囊卵巢综合征、下丘脑性内分泌失调、高泌乳素血症、高雄激素血症等不同原因引起，若单纯根据辨证结果采用补肾调冲任法为主，不能很好取效。必须结合现代医学检查，属何种原因导致，采用辨证辨病相结合才能提高临床疗效。如“高泌乳素血症”患者，有时临床仅表现为月经失调、不孕。蔡小荪说：据此辨证一般为肾虚冲任失调，但采用育肾调冲法治疗往往效果不显。如果我们再根据实验室检查有“泌乳素增高”者，那么属于肝胃郁热，冲脉气机失调所致的多，可采用玉烛散加减养血泻火疏肝，清胞络结热，临床常可获得较满意疗效。若疗效不满意时，再结合西药溴隐停，中西医结合同时治疗，效果亦佳。又如对“高胰岛素血症”患者，一开始采用服西药，能迅速降低血中高胰岛素，临床症状能迅速改善，月经恢复正常，病人也很高兴，对疾病治疗有信心。继而采用补肾调周法，可获预期结果。但亦有起初用西药无效中途停药，则要按中医辨证治疗，能取得疗效者。

例如一患者，27 岁，未婚，月经延期渐至闭经两年。B 超检查子宫附件无异常，血内分泌无明显异常，多处求中西医治疗无明显好转。西医再次检查内分泌，结果诊断为高胰岛素血症，给予二甲双胍治疗，治疗中由于副作用不能承受而中断，慕名前来请求蔡小荪诊治。蔡小荪结合西医病因认为，其病机是肝肾不足，相火偏旺，治疗采用六味地黄丸加减，1 个月后查血中胰岛素即转为正常，此后复查两次均正常，月经虽有延期但未闭经。蔡小荪常告诫学生：“临证时不能拘泥一法一方，而要充分利用现代医学知识，辨证辨病，中西医结合，大胆创新，才能更好地为病人解除痛苦。”此外，对闭经一病，蔡小荪认为本病症情较为复杂和顽固，迁延日久，能使生殖系统萎缩，给患者造成心理影响，治疗也颇为棘手。在治疗上主张单纯使用中药效果不显，则应阶段性使用西药激素，使月经来潮，所谓急则治其标，使患者也增加治疗的信心，临床往往取得较好疗效。

又如“带下”证，蔡小荪在继承先祖经验基础上有所创新。蔡氏先祖认为：带下之因，一因胃中湿热与痰浊流注于带脉，溢于膀胱。二因气虚脾精不能上升而下陷，或风寒客于胞门，中经络传脏腑，五脏损伤而下之。总须辨清湿热和虚损之别，大抵以湿热居多，治则为健脾利湿，升提胃气，佐以利湿和补涩。蔡小荪则主张要结合现代医学知识，认为：西医学中所说的各类阴道炎、宫颈炎、盆腔炎、内分泌功能失调等疾病引起的阴道分泌物异常多与中医带下病相类似。此外还有一种情况如子宫肌瘤、卵巢囊肿等中医“癥瘕”病，临床往往表现为带下量多，或如黄水样，患者多以带下如水样为主诉来就诊。若按常规，湿邪为患者，或以脾肾亏虚为治疗依据，临床往往收效不佳。此时结合现代医学检查，往往发现患者多合并有子宫肌瘤、卵巢囊肿或盆腔炎、阴道炎、宫颈炎，或有是病而反复不能治愈者，此时治疗不能简单健脾利湿或补益脾肾等。应考虑是“瘀热内蕴”为主要病理机制，大多因感受湿热之邪，反复或久治不愈，与血相搏结，损伤冲任，导致“瘀热内蕴”而致水样分泌物者，这时治疗应以“活血清热”为法，结合临床辨证，药多用“赤芍、丹皮、鸭跖草、败酱草”为主，随证加减。赤芍泻肝清热，散瘀活血，李时珍说散邪能引血中之滞，丹皮亦是清血热散瘀血的要药；鸭跖草、败酱草等清热解毒、利湿。四药配合清热活血。兼脾虚加党参、白术、茯苓；兼肾虚加杜仲、续断、狗脊；伴外阴瘙痒加白芷、蛇床子；湿热偏重则加鱼腥草、鸡冠花；血瘀癥瘕者加桂枝、桃仁、莪术、鬼箭羽等；湿重加薏苡仁、车前子、泽泻等。此外，鸡冠花、白槿花、桑海螵蛸等，不同证型多可加之。为此，蔡小荪指出，治疗带下不能拘泥于完带汤、易黄汤等，一定要开阔思路，结合现代医学检测手段，结合辨病进行治疗，才能抓住疾病本质，取得疗效。

此外，蔡小荪借鉴西医的周期疗法，依据中医理论创造了中医周期疗法。

20 世纪 70 年代初，未满五十岁的蔡小荪创造性地提出了中医调治妇科疾病审时论治的学说和方法。提出：妇科当以调经为首重，治疗时必须顺应和建立女性的月经周期。必须根据不同时期阴阳相交的生理特点，进行适时适当治疗，方能获事半功倍之效。他根据女性的生理周期和妇科诸疾的病理特点，借助西医基础体温的测量，提出了月经周期的四期（月经期、经后期、经间期、经前期）生理特点和调治思路，制订出不同的周期调治法，如不孕症周期调治法、月经不调周期调治法、子宫内膜异位症和子宫肌瘤周期调治法等。为中医妇科理论和临床提供了新的思路。

蔡小荪说："肾气、天癸、冲任作为生殖轴内环境处于平衡状态，这种平衡状态应与大自然的阴阳相对应，才能'天人合一'、'阴阳和合'。"明代《本草纲目·人部》对此有了明确的论述："女子，阴类也，以血为主。其血上应太阴，下应海潮，月有盈亏，潮有朝夕，月事一月一行，与之相符，故谓之月水、月信、月经。"《内经》《伤寒论》在反复阐明人体生理、病理变化与年、月、昼夜阴阳气交规律密切相关的基础上，强调不论采取针灸或方药治病，均应顺乎时序更替的变化，蔡小荪甚崇此说。提出："女子的月经是以肾气为主导，受天癸调节，又在肝藏血调血、脾统血化血、心主血、肺布血的协同作用下，冲任气血相资，胞宫出现虚而盛而满而溢而虚的月经周期，并随着阴阳消长、气血盈亏而出现月经期、经后期、经间期、经前期。”

蔡小苏提出的妇科周期疗法的具体方法：在月经期（经水来潮至经净）：胞宫气血由满而溢泻渐至空虚，肾气天癸相对减弱，凡经期、经量、经色及经味异常均可在此期调治，常用疏调、通下、固摄诸法；经后期（经净至排卵前）：胞宫气血由虚至盈，肾气渐复渐盛，是阴长阳消之时，此期是调经、种子、消癥的基础阶段；经间期（排卵期，即下次月经前 14 天左右）：此期肾气充盛，是阴阳转化、阴极生阳、阳气发动、阴精施泄的种子时期，又称氤氲期或“的候”，若交合时有受孕可能，治疗以促使阴阳转化为宗旨；经前期（排卵后到经潮前）：此期肾气实而均衡，阳盛阴长，气血充盛，治疗以维持肾气均衡为原则，此时，又是调治月经前后诸疾及经期诸疾的关键时期。蔡小荪在具体治疗过程中，将四期生理和妇科诸疾的病理特点有机结合，制订出不同的周期调治法，并创立一系列自拟方剂。

蔡小荪治疗不孕症之“育肾助孕周期调治法”，具体做法是在月经期以理气调经法用“四物调冲汤”（当归 9g，川芎 4.5g，白芍 9g，生地黄 9g，牛膝 9g，香附 9g）加减治疗。经后期治以育肾通络用自拟“孕Ⅰ方”：茯苓 12g，生地黄、熟地黄各 9g，怀牛膝 9g，路路通 9g，炙穿山甲 9g，公丁香 2.5g，淫羊藿 12g，石楠叶 9g，制黄精 12g，桂枝 3g。经间期及经前期以益肾培元法用“孕Ⅱ方”：茯苓 12g，生地黄、熟地黄各 9g，石楠叶 9g，紫石英 12g（先煎），熟女贞子 9g，狗脊 12g，淫羊藿 12g，仙茅 9g，胡芦巴 9g，鹿角霜 9g，肉苁蓉 9g。

如在 2005 年 11 月诊治一结婚 5 年未避孕

而未孕的李某。蔡小苏根据患者有盆腔炎史，双输卵管粘连不通，患者抗精子抗体（+），基础体温双相典型等症状，认为患者属于肾气不足，络道受阻导致的不孕，因此在月经期用炒当归10g，生地黄10g，炒牛膝10g，川芎6g，白芍10g，制香附10g，王不留行子10g，穿山甲10g，路路通10g，青陈皮各5g，续断10g，调理冲任；经后用育肾通络法进行治疗，药物：炒党参12g，制黄精12g，炒杜仲12g，续断12g，炒怀牛膝10g，路路通10g，降香3g，麦冬12g，王不留行子10g，淫羊藿12g，巴戟天10g，肉苁蓉10g，服7剂。到中期，蔡小苏采用育肾培元法，用茯苓12g，生地黄、熟地黄各10g，炙龟甲10g，鹿角霜10g，仙茅10g，淫羊藿12g，巴戟天10g，肉苁蓉10g，续断10g，女贞子10g，河车粉5g（吞），共14剂。蔡小苏认为：患者双输卵管粘连不通，这是因为素体肾气不足，导致络道受阻，加之月经欠调，不孕依然。经云："肾者主蛰，封藏之本，精之处也。"《圣济总录》又说："妇人所以无子者，冲任不足，肾气虚寒也。"蔡小荪考虑到只有肾气旺盛，任脉才得以通畅，冲脉才会充盈，月事才得以如期来潮，从而具备孕育的条件。对输卵管阻塞、不完全阻塞及积水者，在月经净后即予温肾通络法，重在通利胞络，主要药物：穿山甲 9g，皂角刺 15g，王不留行子 9g，月季花 9g，地龙 9g，降香 3g。但指出在月经中期以后不宜服用以免受孕后伤胎，而是重在育肾培元，以期能促使排卵助孕。常用药物如生地黄、熟地黄、仙茅、淫羊藿、鹿角霜、巴戟天、肉苁蓉、女贞子等。这位患者仅治疗 9 个月即怀孕。可见蔡小荪"育肾助孕周期调治法"的临床疗效。

蔡小荪治疗子宫内膜异位症之"化瘀散结周期调治法"，即经前一周及经期，痛经型用化瘀止痛之"内异Ⅰ方"加减治疗，崩漏型用化瘀调摄之“内异Ⅱ方”加减治疗，经后至经前期均用化瘀散结之“内异Ⅲ方”加减治疗；治疗子宫肌瘤之化瘀消坚周期调治法，即经后期至经前期用“化瘀消坚方”加减治疗，月经期用“化瘀调摄止崩方”或“化瘀调经止痛方”加减治疗。

其他如治疗闭经、功能失调性子宫出血、多囊卵巢综合征等均用周期调治法，取得较好临床疗效。

蔡小荪还从时间生物学角度，从年周期的阴阳、昼夜、光照的节律变化，探索了受孕和治疗不孕症的最佳时期，并提出年节律调治法。他在长期大量诊治不孕症过程中发现，每至春季，治愈病人显著增多，根据“天人合一”的观点，此现象与古人“春主生发”理论颇相吻合。因此对临床资料进行了前瞻性观察分析。结果表明，受孕最高季节均在春季。这一研究发现，人类生育除有月节律外，还存在着年节律的变化。蔡小苏根据“春主生发”的理论，认为，春温夏热秋凉冬寒，在这阴阳消长中，孕育着万物的生生化化，其中阳气始终起着主导作用。一年之阳始于春，春天阳生则万物亦生，夏天阳盛则万物茂盛，秋天阳减则万物为收，冬天阳衰则万物乃藏。故曰“天之大宝，只此一丸红日”，以之喻人，则“人之大宝，只此一息真阳”，“所以成吾身者，即真阳之气也”（见《类经附翼·求正录·大宝论》）。所以有二七、二八之变；四七、四八之壮；六七、六八之憔；七七、八八之谢，亦皆主归于肾阳之气的盛、实、衰、竭。而人生于天地之间，宇宙之阳必能助化、影响人体之阳。张介宾曾明确提出“凡阳气不充，则生意不广”的病理概念。随着时间生物学和神经内分泌学研究的发展，大量事实证明：季节相代、昼夜交替所形成的光线变化，通过对哺乳类动物松果体活动的改变，影响其生殖功能。光线能抑制其分泌，黑暗则反之。因而昼长夜短的光照周期，能使性腺功能处于相对最佳状态，从而有促进受孕的作用。蔡小苏的这种新观点，不仅从一个侧面动摇了狭义的“自身稳定”在现代生理学乃至整个医学中的统治地位，也为古老的中医理论提供了科学依据。

蔡小苏积极探索利用生育年节律，有力地开拓了治疗不孕症的思路和方法。因为目前许多不孕症患者，在中药治疗中均有长期服药之累，少则几月，多则逾年。同时，长期地看病、煎药、服药、测基础体温、择时交合等，心理负担颇重。且长期服药，也易产生耐受性。蔡小苏提出：如果我们运用时间治疗学适时治疗，利用年节律规律，着重于冬、春两季进行治疗，或许能达到缩短疗程、提高疗效的作用。

用药轻灵　顾护中土

沪上曾有一俚语曰："九加一，蔡一帖。"称赞江湾蔡氏妇科用药精简，见效迅速。蔡小荪继承家传用药以简、轻、验为准则，并参入晚清孟河四家之一费伯雄的醇正和缓思想，使蔡氏妇科用药特色有了新的升华。蔡小荪临床辨证准确，深思熟虑，善抓要点，立法慎重，选方用药考究，讲究配伍，药品精当，药量轻确，价格颇廉，疗效卓著，深得病家百姓的欢迎。

蔡小荪强调临证处方用药"轻灵醇正"，他说：所谓轻灵是指圆机活法，精明扼要，看似平常，恰到好处；醇正者，即精一不杂也，宗旨在于“义理之的当，而不在药物之新奇”，既非不求有功，但求无过的平庸之举，亦非泥于古方而治今病者。醇正就是指冲和切当，剔除芜杂，配伍严密，不落肤浅。蔡小荪说：“这个轻不仅仅是用药剂量大小轻重的轻，而这个醇也不是一味求稳、只用平安药品的醇，而是指在处方时于清淡中见神奇，选方用药在简练中收效果。”“盖天下之病，变态虽多，其本则一；天下之方，治法虽多，对症则一。故凡治病之道，必确知为寒，则竟散其寒；确知为热，则竟散其热；一拨其正，诸症尽除矣。故《内经》曰‘治病必求其本’”（《景岳全书》）。醇正思想又与和缓治法紧密联系，不足者补之以复其正，有余者去之以归其平，即和法也，缓治也；毒药治病去其五，良药治病去其七，亦即和法也，缓治也。蔡小荪常说用药如用兵，贵精而不在多，用药宜酌之又酌，不轻易滥用一药，力求药力适度直达病所，中病即止。处方随症取用

10～12 味药，剂量轻者 1～3g，重者 12～15g，每剂总量大都在 70～100g 间，反对杂乱无章，药物堆砌，甚至相互抵消，亦防劫阴，耗气，伤肝碍脾之弊。如调经药常选当归、丹参、川芎、香附、生地黄、熟地黄，其用量不过 10g，理气止痛药中除乌药、延胡索、郁金、路路通、川楝子诸品用量至 10g 外，其余疏肝理气药如柴胡、青皮、枳壳均 5g，公丁香、降香、玫瑰花、木香、佛手类仅用 1～3g。

有一次蔡小苏治疗一闭经患者洪某，西医诊断高泌乳素血症，流产后两年半不孕，月经量少，两三月一行，曾用西药人工周期治疗半年后经闭 8 个月，略有带下，偏头痛，喉间痰滞，腰酸乏力。蔡小苏根据临床症状辨证为血虚肾亏，痰阻胞络，用养血培元，祛痰通络，活血调经的方法，处方用：当归 9g，川芎 4.5g，生地黄 9g，怀牛膝 9g，枳壳 6g，川大黄 5g，制胆星 6g，石菖蒲 4.5g，淫羊藿 12g，鹿角霜 9g，茯苓 12g。7 剂后症状显减，药症对路，原法继服 25 剂后，经来量畅色鲜有块，再宗原法加潼蒺藜续服 15 剂后，改服河车大造丸 1 周，患者病告痊愈，PRL、E2、P 均获正常。如此难疾，用药看似简单，皆平常普通药物，然取效多捷。此类病例不胜枚举，蔡小荪常告诫后生：治疗疑难病例时辨证须开阔视野，层层深入，静中有动，动中辨异，处方须标本兼顾，阴阳平调，虚实同辨，寒热并用，以求实效。

蔡小荪用药注意分寸，灵活有法度。他说：妇科疾病变化较多，尤要辨药，才能药与证合，丝丝入扣。如同样是疏肝理气，而有用柴胡、香附、青皮、郁金、娑罗子、玫瑰花之不同，若不能掌握每味药的特点与证相结合，则不能得心应手。在本草成千上万个品种中，蔡小荪对每一味药在妇科领域中的作用了如指掌，得心应手的精兵强将掌握在百味以内。如同样是

“便溏”一症，蔡小荪则分别有不同的治法，如因里寒者用吴茱萸，虚寒者用煨木香，表邪入里者用桔梗，等等，这些都因辨证准确，谙知药性，方能取效。

蔡小荪用药谨慎，无太过不及。他常说毒药治病去其五，良药治病去其七，亦所谓和法。蔡小荪临床给药每每3～7剂，从不拖泥带水，以求中病即止。如曾治一患者经崩二旬余，经色淡而质稀，血红蛋白5g/dl，面如蜡黄，神疲畏寒，气血大亏，显见一斑。蔡小荪在益气养血的基础上大胆加熟附子10g，鹿角霜10g，一诊即应手取效，3剂未完而血止。在第二诊时就去除附子、鹿角霜，他说：“因崩后失血，温燥之品不宜多用，故只用益气养血，兼理肝肾，自然阳生阴长，康复可期。”

蔡小荪治疗妇科病重视顾护脾胃。认为临床疾病凡先天不足者，但得后天精心培养，或可弥补先天之虚而后强壮，而后天之不足，若不得重新恢复其运化、滋养之功，非但使脾胃之气日虚夜衰，即便先天强盛之元气精血，也会因失于后天精微的调养、滋生、充实而告匮乏。因此，蔡小苏特别强调在临证治病中要善用健脾益气法，以保证血气之源不竭，从而截断疾病进一步发展、变化。如更年期综合征，目前中医界多从肾虚论治。蔡小苏则认为：是病之肾气衰退及生理性改变的大势所趋，任何治法药方终不能逆转此种衰变，人力药物只能减缓肾气的衰退速度，将由此引发的脏腑阴阳失调限制在最小的范围内，从而达到消除或减轻症状的目的。补益肾气固然重要，但融调理脾胃与补肾填精于一炉，颇收良效。

妇人以血气为本，其经带胎产的过程往往数伤于血，数脱于气，使血气常处于相对不足状态，在生理状态下，脾胃可代偿性地加快运化功能，以弥补血气的不足，但这种负荷运化时日渐久，就易损伤脾胃功能引起病理变化，如果一时大量或长期失血耗气，就削弱或影响了血气对五脏六腑的推动滋养作用，引起脏腑功能失调。脾胃为生化之源，两虚相合，形成恶性循环，导致疾病进一步发展变化。本着治病当注意顾及脾胃的观点，蔡小荪在治病过程中除了运用治疗疾病所需药物外，每多注意兼顾调治脾胃的运化功能。蔡小荪临床处方习惯用某些药物炒用，一则借以改善药性之偏，一则使其焦香，增进健脾之力。党参、白术、茯苓、石斛、谷芽、陈皮之属，是常用之品，旨在健脾和胃，以增强生化之源。最常用茯苓，因茯苓味甘淡，甘则能补，淡则能渗，甘淡属土，具健脾和中利水渗湿之功，其药性缓和，补而不峻，利而不猛，既能扶正，又可祛邪，为防治脾胃之虚要药也，如“孕Ⅰ”、“孕Ⅱ”系列方中，均将茯苓列为主药。此外，对腥臭烈气药物，如治瘀滞腹痛之五灵脂、治赤白带下之墓头回、破除癥积之阿魏等药，认为有碍脾胃，用时尤应审慎，对脾胃失健者则应注意避免使用。

舍私济公　为善最乐

20 世纪 50 年代初，政府号召大家走公医制道路，建议组织联合诊所。蔡小荪与沪上一些名医组织成立并出资创办上海市新成区江阴路联合诊所，以后改名为牯岭地段医院，即现在上海广场地段医院的前身。蔡小荪上午在自己诊所门诊，下午参加地段医院门诊。当时的蔡小荪每天门诊量越百号，收入丰厚，但他毅然放弃半天丰厚的收入，把自己的病人请到地段医院就诊。不仅如此，而且连医院给他每月130 元的工资也不收。医院将这笔钱一直挂在账上，两年后由于数目较大，不好管理，蔡小荪主动提出“一笔勾销”。他说：“我经济条件还好，应该照顾参加全天工作、依靠工资生活的同道。如果自己的工资能用于医院建设，早日把医院建好，那是我最高兴的事。”当时的蔡家全靠蔡小荪一人的收入，有总管家1人、抄方者1人、三轮车工友1人、勤工1人、厨师1人、保姆2人，加上母亲和妻子及3个子女，他却放弃一半的收入，支持集体事业。

蔡小荪的两个儿子未能继承父业。但他却经常到大学、医院讲学，作报告，并先后带教了100多位主治级以上中西医师，使他们的业务水平得到提高。20世纪90年代后，他被确定为全国老中医药专家学术经验继承工作指导老师，连续4批均为指导老师，培养了学术继承人9位：蔡庄、周翠珍、瞿晓竹、黄素英、莫惠玉、傅金荣、王隆卉、张婷婷、翁雪松。这些蔡小荪的学术继承人都已成为各个医院中医妇科的骨干。蔡氏妇科后继有人，这是蔡小荪最大的快慰。

蔡小荪高尚的医德与他儒医世家的家庭熏陶有着密切的关系。蔡小荪常说："父亲济世为怀，秉承祖训，行善至上，从不斤斤计较于诊金。"在挂号室里挂有收费牌，末句明示"贫病不计"。所以号票亦与众不同，分为五色：除拔号票面稍大，其余为平号白色，半费为红色，二角为绿色，免费为蓝色。亲友专用黄色号票，非但不收费用，且优先就诊。蔡小荪说：在1949年以前，生活拮据者不少，父亲诊病时，如有察觉贫病者，则主动减半收费或免费，以后复诊，即按此例。也有主动要求挂半费者。按先祖蔡小香规定，病家如提出挂半费或免费者，挂号先生概不细究，即予方便，一视同仁，依次就诊，不因收费少而退让于后，勿使病者有自卑感。相反如病情较重，常立即给予诊治，以免意外。另外绿色号票，象征性付费二角。对特别贫困者，生活尚难维持，更兼疾病缠身，实言要求给予免费，父亲一律接待。即使已挂号，诊费亦均退还。不仅予以义诊，而且赠药给他，俗称“施诊给药”。拿药均到同春堂北号，在福建北路，地处老闸桥北堍，与诊所仅一桥之隔。蔡小荪的父亲与药店商妥，印就领药单，连有存根，由挂号员填明帖数，让病家到该店领取，每届端午与中秋节，以及春节前，凭单来诊所结算，费用按成本计价，其意思是大家都为社会尽一份义务。对个别病重步履维艰、路途较远者，更资助车旅费。同时每年夏天自行配制“痧药水”、“行军散”等，置备于账房间，供贫困者免费索取。这样的事情不胜枚举，在上海口碑载道，也给蔡小荪很大的影响。

蔡小荪常说，蔡氏传业有两个准则：一是医生治病救人，应不计酬劳；二是应终生做好事，以弥补工作中难免的差错。蔡小荪像他父亲一样，亦是这样行医做人的。20 世纪 90 年代末，蔡小荪在门诊时遇上一位贫病交加的崩漏患者，由于每次经行量过多如注，大量的失血造成严重的贫血，脸色黄如蜡，血红蛋白仅为 3g/dl，因为家境贫寒，每次看病不舍得购票坐车还得步行走上好几里地。询问后得知患者的母亲是一位还在农村的知青，家庭经济非常困难。蔡小荪看到这种情况，不仅不收诊金，而且还掏钱给她，让她到西医院做些必要的检查。患者及其母亲流下感动的泪水。

“只要一听到病人喊痛，我比病人还急”，这是蔡小荪心情的写实。从医 60 多年，他高尚的医德被广为传颂。蔡小荪说：“为病人治病医生的态度一定要好。病家患疾，心情又焦急又郁闷，当医生的一定要理解她们，安慰她们，要善意地进行心理疏导，让她们觉得医生是可信赖的，疾病是可以治愈的。这时医生开出的处方和治疗才会达到预期的效果。如果医生态度生硬，诊治草率，病人对医生就会产生一种信任危机，治疗效果就会打折扣。”临床上蔡小荪始终全心全意为病人着想，耐心细致地为患者解除思想负担，尽量让她们“哭着进来，笑着出去”。平日里，病人再多，时间再长，他总是一丝不苟。为了让病人能早点就医服药，他经常顾不上吃午饭，连续门诊到下午。有一次在上海市第一人民医院门诊室，他从上午开始一直忙到下午 5 点 40 分，整整看了 168 位病人，午饭早已忘了，胃痛也抛在脑后，只是累得一句话也说不动了。几十年如一日，蔡小荪的高尚医德为学生和同仁做出了榜样。

蔡小荪诊察疾病严肃谨慎，举止庄重，认真细致，一心专注医事。蔡小荪说：“年轻的时候人们常说我少年老成。主要是因为我是妇科医生，我的病人都是女性，也会遇到不正经的病人，有时病人会塞一张电影票，约我看电影；有时会有人打电话，甚至笼络家中的司机，约去喝咖啡。凡此种种，所以我要装得少年老成，更不能轻浮。”蔡小荪常说，先辈告诫：作为妇科医师，尤其是男性妇科医师，诊病时不得多语调笑。因此在诊室，蔡小荪总是言简意赅，专注医事，从不说是道非。每逢患者问及、比较前医处方技术如何如何的时候，蔡小荪总是恪守儒医家训，与人为善，说道："这位医生好"，而从不贬低他人抬高自己。他的行医准则是："关心病者疾苦，方药与心理诸疗并重，医德至上，实事求是，绝不危言耸听，哗众取宠，尤应尊重同道，切忌江湖习气、同行嫉妒、诋毁他人。"这对后学教益匪浅。

蔡小荪一直怀有拳拳爱国之心。他爱好摄影和旅游，但他认为异域情调虽好，但终不如以母语文化为背景、渗透着浓郁历史文化的本国乡土景观。曾经在出国探亲时，国外的亲朋好友再三挽留他，要他在国外行医，说在外国很需要他这样的医生，钱来得比国内容易。他回答说："不是我不想发财，实在是我根在上海，事业在中国，我一定要回去!""我不会离开祖国的锦绣河山！”

著名数学家、复旦大学原校长苏步青深知蔡小苏的为人，曾以题《咏水仙花和人韵》诗赠蔡小苏：“黄冠翠袖足清闲，淡泊生涯水石间。南闽有家归梦远，西湖无庙属杯难。闻香晓日春何早，听雨青灯夜更寒。我似老僧偏爱静，案头不厌雨相看。”

蔡小荪常自谓：“悬壶迄今，诊病人次何止百数十万，纵有独到经验，卓效成方，首先得之先人传授，更赖病者协助。”他说：“病人也是我的老师，我们应该取之于民，还之于民。”

蔡小荪年逾八十有八，仍有一身健康的体魄。这与他的养生之道有着密切的关系。他从未把吃补药当作养生方式。他认为，合理饮食、适当食素、不偏食、不暴食，对吃随遇而安的态度才是正确的。“就算是食补，也要顺其自然，喜欢吃的可以多吃一点，不喜欢吃的就不要勉强，要掌握八分饱的量。我建议老年人可以适当吃素。”如果要吃补药，“男性当以补肾为主，女性要以补血为主。男性可适当吃些补肾的六味地黄丸，女性可适当补充四物汤或四物合剂。”

另外蔡小荪提倡“早梳头，晚泡脚”，他说，头部被称为诸阳之会，经常梳头，可以提高大脑皮层的兴奋性，促进血液循环和皮下腺体分泌。双脚是三阴经的起始点，又是三阳经的终止点，当老年人出现不同程度的全身动脉硬化时，或因代谢紊乱，血脂增高，内分泌障碍等原因发生末梢循环障碍时，身体抵抗力会随之下降。而睡前用热水泡脚，能保证全身的经脉舒畅，利于身体健康。因此蔡小荪坚持每天下午泡澡，以促进全身的血液循环。

蔡小荪的养生之道更重要的是生活中处处都有好心情。在工作上，讲究的是专心一致，对病家负责，老老实实行医。他说：“能够为病人解除病痛是我最大的乐趣，有时候看到被我医好的不孕的妇女抱着刚出生的孩子来向我道谢，会有一种难以形容的愉悦，这对健康是很有帮助的。60多年来在我手里从来没有出过一起医疗事故，我也从行医的过程中得到了享受。心情好，身体也就健康了。”

蔡小荪说：在生活中，我从来不抽烟、不喝酒，这对健康是有帮助的。不过我也有兴趣爱好，而且十分广泛。在年轻时，我喜欢骑马，还是当时上海马会的会员，每天早晨我都会到跑马厅去骑几圈马；夏天时我喜欢游泳，有时也会约几个朋友一起去打网球；花式旱冰、驾驶汽车、狩猎、京剧等我也都曾经是个不算差的爱好者。当然，随着年龄的增加，现在很多运动我已经不再参加，但是年轻时候这些运动为身体打下的良好基础，直到现在我都还受益其中。当然有些兴趣爱好我还是一直保留着的，比如旅游、摄影等等。爱好广泛了，得到乐趣的途径也就多了，心情自然也就好了。心情好，身体才能健康。

总结起来，蔡小荪有四点“乐趣”和三个“健康”观。

四点“乐趣”分别是助人为乐、知足常乐、自得其乐、为善最乐。助人为乐和自得其乐前面已经讲过了。知足常乐，就是指人的心胸要开阔，要保持良好的心情，很重要的一点就是要知足。蔡小荪说：“我家祖上曾经有过一些财产，在江湾的蔡家花园曾经是当时本地四个名园之一，但后来连同住宅及不少文物均被日本人毁了，而我从来没有为此而耿耿于怀，既然已经没有了，又何必去多想呢，更何况我现在过得也不错。为善最乐，就是平时我时常会做一些力所能及的好事，也许都是些小事，但是勿以善小而不为，经常地做些好事会令我保持很健康的心态。”

三个“健康”观：即思想应健康、爱好要健康、身体更健康。蔡小荪说：“我的爱好虽然广泛，但是我从来不沉湎其中，兴趣爱好只是用来帮助自己得到更多乐趣，建造一个好体魄，保持一个好心情，从而使我身心健康。但是一旦沉湎其中，甚至达到玩物丧志的状态，不仅对健康没有好处，往往会产生相反的作用，特别是有些不良的兴趣爱好更是如此。”

在饮食上，讲究的是饥饱调匀，刺激性的东西少吃。另外，提倡分食制，这样可以有效地杜绝疾病的传播途径。总之，尽量吃自己想吃的东西，但要注意适量，这样可以保持心情舒畅，好的心情还能帮助消化，使气血调顺，身体肯定健康。

（撰稿人　黄素英）

《中华中医昆仑》丛书150位医家名录

（按生年排序）

张锡纯	丁甘仁	萧龙友	王朴诚	恽铁樵
曹炳章	冉雪峰	谢　观	施今墨	汪逢春
孔伯华	黄竹斋	吴佩衡	蒲辅周	陈邦贤
李翰卿	李斯炽	姚国美	陆渊雷	张泽生
时逸人	张梦侬	叶橘泉	王聘贤	陈慎吾
邹云翔	赵炳南	承淡安	余无言	刘惠民
岳美中	沈仲圭	秦伯未	赵锡武	韦文贵
程门雪	黄文东	赵心波	董廷瑶	吴考槃
章次公	石筱山	陆南山	张赞臣	李聪甫
刘绍武	陈存仁	朱仁康	陆瘦燕	姜春华
韩百灵	高仲山	李克绍	王鹏飞	刘春圃
金寿山	哈荔田	何世英	周凤梧	干祖望
关幼波	王为兰	任应秋	罗元恺	祝谌予
杨医亚	郭士魁	何时希	耿鉴庭	俞慎初

裘沛然	顾伯华	江育仁	邓铁涛	门纯德
刘渡舟	尚天裕	朱良春	李玉奇	程士德
尚志钧	赵绍琴	董建华	米伯让	李辅仁
张珍玉	班秀文	颜正华	于己百	颜德馨
路志正	方药中	王乐匋	黄星垣	谢海洲
余桂清	何　任	王子瑜	程莘农	陈彤云
焦树德	张作舟	张　琪	李寿山	张镜人
王绵之	方和谦	印会河	王玉川	蔡小荪
李振华	马继兴	王嘉麟	宋祚民	刘弼臣
王雪苔	刘志明	吴咸中	李今庸	任继学
裴学义	王宝恩	周霭祥	贺普仁	唐由之
赵冠英	许润三	金世元	陆广莘	刘柏龄
徐景藩	吉良晨	吴定寰	沈自尹	王孝涛
张灿玾	周仲瑛	强巴赤列	张代钊	李经纬
郭维淮	柴松岩	苏荣扎布	陈可冀	李济仁
夏桂成	郭子光	巴黑·玉素甫	张学文	陈介甫